DES
ASSURANCES AGRICOLES

PAR

ALFRED DE COURCY

PRIX : **25** CENTIMES.

PARIS

Ch. DOUNIOL,
Rue de Tournon, 29.

Aug. FONTAINE,
Passage des Panoramas, 35 et 36.

1857

DES ASSURANCES AGRICOLES.

DES

ASSURANCES AGRICOLES

PAR

ALFRED DE COURCY.

PARIS,

CH. DOUNIOL,	AUG. FONTAINE,
Rue de Tournon, 29.	Passage des Panoramas, 35 et 36.

1857

DES ASSURANCES AGRICOLES.

Le projet soumis à l'examen du Conseil d'Etat pour la formation d'une caisse générale des Assurances agricoles a été accueilli avec une certaine faveur par les esprits inattentifs. On est encore douloureusement impressionné au souvenir des inondations de 1856 ; on lit tous les matins dans les journaux le récit des ravages exercés par la grêle sur quelques points de l'est ou du centre de la France ; une institution qui se propose pour but de venir en aide à ces calamités éveille naturellement des sympathies. D'ailleurs, les déclarations explicites du *Moniteur* semblaient écarter les objections et les alarmes qu'avaient soulevées des projets antérieurs. D'une part, en effet, le journal officiel annonçait que l'assurance serait purement facultative, ce qui rassurait les populations contre la perspective d'un nouvel impôt. D'un autre côté, le *Moniteur* consacrait expressément, et en excellents termes, ce très-sage principe, déjà proclamé et heureusement appliqué à l'occasion des approvisionnements de grains à l'étranger, que le Gouvernement ne doit point gêner l'essor de l'industrie privée, ni lui faire concurrence. « La spé-
« culation existe dans les assurances contre l'incendie,

« contre les risques maritimes et sur la vie. Ces assu-
« rances ont donné lieu à de grandes compagnies qui ré-
« pondent à leur but d'une manière assez efficace pour
« que l'Etat *ne doive ni ne veuille* se substituer à leur ac-
« tion, ou leur créer une institution rivale. *C'est parce*
« *qu'il n'en est point ainsi pour les sinistres de l'agricul-*
« *ture que le Gouvernement a cru de son devoir d'inter-*
« *venir.* » (*Moniteur* du 22 juillet 1857.) Les nombreux
intérêts engagés dans l'industrie des assurances pouvaient
donc ne pas se croire menacés. Le projet créait une institution nouvelle, toute favorable à l'agriculture, qui ne
lésait aucun intérêt sérieux, et qui méritait d'être encouragée. C'était pour le moins une expérience à faire, un
essai à tenter. Dût-il ne pas réussir, il n'avait pas de
graves inconvénients, et il se justifiait par son but éminemment louable et bienveillant. Telle a été, si je ne me
trompe, l'impression assez calme de la plus grande partie
du public.

Toutefois les personnes que leurs études antérieures,
leurs théories ou leurs intérêts spéciaux appelaient à un
examen plus approfondi du projet s'en sont aussi plus vi-
vement émues, et en sens contraires. Le journal *la Presse*,
quoique lui reprochant d'être trop timide, a sonné des
fanfares victorieuses. Il y a vu un premier pas engageant
l'État dans cette voie tant préconisée de l'assurance générale et obligatoire de tous les accidents par l'État. Tous
les adeptes de l'école égalitaire ont approuvé une institution qui, suivant eux, contient en germe la réalisation
d'une de leurs plus chères utopies. Il était naturel que
leur espérance même devînt une appréhension pour les
adversaires de cette école. Sans parler des intérêts parti-

culiers faciles à alarmer, quiconque tient à la libre expan-
sion des facultés humaines dans tout ce qui n'est pas offen-
sif pour autrui a vu avec inquiétude l'annonce d'une attribution nouvelle dont l'État serait investi. Malgré les déclarations rassurantes du *Moniteur*, le projet est apparu
comme un danger et une menace.

Ces inquiétudes sont-elles fondées ou chimériques? Y
a-t-il lieu de donner ou de refuser son assentiment au
projet des assurances agricoles? C'est ce que je me propose de rechercher, en étudiant avec soin le projet d'a-
bord en lui-même, et tel qu'il est présenté au public,
comme association facultative, fondée et gérée sous le haut
patronage de l'État ; en second lieu, dans ses tendances et
dans les conséquences qu'il entraîne.

I

Il ne saurait y avoir qu'un sentiment d'approbation sur
le but du projet. Il serait désirable que le bienfait de
l'institution des assurances pût être étendu aux désastres
agricoles. A cet égard tout le monde est d'accord. Mais,
dans la manière dont on parle de *réparer* les pertes de
l'agriculture, il y a très-souvent une confusion de langage
qu'il ne me paraît pas futile de signaler, car elle indique
aussi quelque confusion dans les idées. A entendre les cha-
leureux partisans du projet, il semblerait vraiment qu'il
serait donné à l'État ou à une institution quelconque de
réparer effectivement les désastres agricoles. Hélas ! il
n'en est pas ainsi, et ce pouvoir n'a pas été donné à
l'homme. Les pertes dont on gémit à bon droit peuvent

être quelquefois prévenues, jamais réparées. Si les récoltes inondées par le fleuve ou frappées par la grêle sont détruites, aucune institution ne les rétablira, et la diminution de la production agricole demeurera un grand dommage public. Il ne s'agit donc pas de réparer les pertes de l'agriculture, mais d'indemniser les cultivateurs plus spécialement atteints par le fléau dans leurs intérêts particuliers, et cela ne se fait qu'en imposant à la masse un sacrifice. Il s'agit, en un mot, de répartir sur la masse des pertes trop lourdes pour les particuliers qu'elles atteignent directement.

La confusion de mots ou d'idées que je signale est visible, même dans les rapports officiels. La Commission nommée par le ministre de l'agriculture parle de désastres non réparés ou incomplétement réparés; elle trouve le projet d'autant plus opportun, qu'il vient « après une série d'années pendant lesquelles l'insuffisance des produits alimentaires a été si manifestement constatée. » Bien qu'elle explique ailleurs sa pensée, l'argument a peu de valeur. Les assurances agricoles les plus répandues n'empêcheraient ni les inondations ni la grêle, elles accéléreraient la mortalité des bestiaux, elles n'augmenteraient donc pas la production alimentaire.

Si j'insiste sur cette distinction, c'est que j'y vois tout d'abord une indication très-nette des limites naturelles qui me paraissent devoir déterminer et circonscrire l'action de l'État en ces matières. L'État, représentant et tuteur des intérêts généraux du pays, a dans son domaine tout ce qui tend à *prévenir* ou à diminuer les désastres eux-mêmes. C'est ainsi que, pour diminuer les chances du naufrage, l'État établit des balises, allume des phares, organise le pilotage, soumet les navires et les machines à vapeur à des inspections périodiques. Pour arrêter les progrès de l'incendie, l'État, ou l'Administration municipale, multiplie les engins et perfectionne sans cesse le service des pompiers. Pour diminuer les chances de la mortalité, l'État institue les quarantaines, les conseils d'hygiène et de salubrité ; il assainit les villes par tous les moyens en son pouvoir. Pour prévenir le fléau de l'inondation, l'État creuse des réservoirs, construit des écluses et des digues, fait appel aux lumières de ses ingénieurs. Si l'on découvrait des moyens de conjurer la grêle plus efficaces que ceux infructueusement essayés jusqu'à ce jour, nul doute que l'Administration ne s'efforçât de les propager. Telle est, à l'égard de tous les fléaux auxquels la société est exposée, la mission tutélaire de l'État. Mais sa mission ne va pas au delà. Si le fléau qu'il s'est attaché à prévenir éclate, il n'est pas tenu d'indemniser les intérêts privés qui en ont été atteints. Il ne doit pas surtout s'y engager, car ce serait favoriser l'imprévoyance et la paresse, ce serait décourager l'industrie, détruire l'émulation, altérer profondément même la dignité de l'intelligence humaine en lui enlevant l'initiative et la responsabilité. Ainsi étendu comme le demande l'école égalitaire, le rôle de l'État deviendrait funeste et immoral.

L'institution proposée ne s'appliquerait qu'à quatre seulement des fléaux qui désolent l'agriculture : la grêle, la gelée, les inondations et les épizooties. « *Ce sont de beaucoup les plus funestes,* » dit le rapport de la Commission nommée par le ministre. Cette proposition est plus que contestable, et l'on est surpris d'avoir à relever, dans un document rédigé à loisir, un erreur aussi capitale. Il est certain, en effet, que d'autres causes entraînent des pertes bien plus graves encore. Une sécheresse trop prolongée arrêtant le développement de la plante, une série de pluies intempestives qui empêchent le grain de se former ou de mûrir, et ces mystérieuses maladies qui s'attaquent aux pommes de terre, à la vigne, aux vers à soie, au blé lui-même, sont des calamités bien autrement redoutables que les accidents toujours locaux contre lesquels on cherche à garantir le cultivateur. Ce n'est jamais la grêle ni la gelée qui, dans un grand pays comme la France, sera une cause de disette ; ces fléaux sont presque inconnus en Angleterre, sans que pour cela les récoltes y soient plus régulières. Même les inondations si exceptionnellement désastreuses de 1856 ont eu peu d'influence sur le prix des denrées. On a payé le blé moins cher que l'année précédente ; on l'aurait eu à très-bon marché si la récolte n'avait pas manqué en Espagne et dans tout le midi de la France. On peut dire aussi que depuis trois ou quatre ans la maladie de la vigne a plus nui à la production qu'un demi-siècle de grêle et de gelées.

Il ne faut donc pas s'exagérer la portée du projet, il faut le ramener à des proportions plus modestes. Ce serait une étrange illusion que de se flatter que l'institution projetée, eût-elle un plein succès, écarterait les chances les plus menaçantes qui affectent l'agriculture.

Pourquoi n'a-t-on pas essayé de rendre l'institution plus complète en y introduisant aussi la garantie des dommages provenant du brouillard, des pluies, des sécheresses, des insectes, des ouragans, des maladies diverses des plantes ? Évidemment, parce qu'on a compris, et très-judicieusement, que ces causes trop générales de désastres échappent à toute appréciation et à toute possibilité de garantie. Or, je me crois en mesure de démontrer que des quatre risques auxquels on s'est arrêté, il y en a deux, l'inondation et la gelée, qui sont absolument *inassurables*, à l'égal de la sécheresse et de la pluie ; qu'un troisième, la mortalité des bestiaux, assurable en principe, ne l'est pas en fait sans un ensemble de précautions minutieuses qui excluent l'action trop générale de l'État, et réclament toute la vigilance de l'industrie privée ; qu'un seul, la grêle, est vraiment assurable d'une manière générale et permanente, mais que l'industrie privée s'applique déjà avec succès à assurer les dangers de la grêle ; que cette industrie est en notable progrès, et qu'il n'y a qu'à la laisser se développer.

Ceci exige une discussion un peu technique, pour laquelle je demande pardon d'avance aux lecteurs peu familiers avec l'industrie des assurances. La grande majorité du public est dans ce cas. C'est une raison de plus pour s'efforcer d'établir clairement quelques principes.

L'assurance est la garantie d'un *risque*, de la chance d'une perte accidentelle. La *prime* est l'expression du degré de probabilité de cette chance. Pour qu'il y ait lieu à une assurance, trois conditions sont indispensables. Il faut d'abord qu'il y ait un danger actuel de nature à inquiéter sérieusement un homme sage et prévoyant. Évidemment il repoussera ou ajournera toute proposition d'assurance si le sentiment d'un danger n'existe pas. Il faut de plus que l'événement soit incertain, improbable même pour chaque cas particulier ; qu'il ait un caractère fortuit et accidentel, qu'il ne se présente à la pensée que comme un *risque*. Si le danger est imminent, presque irrésistible, s'il est seulement probable [1], aucun assureur n'en peut assumer la responsabilité, l'assurance est impossible, ou ne serait qu'une audacieuse gageure. Il faut enfin que le fléau qu'on assure exerce inégalement ses ravages, frappant çà et là des coups imprévus, mais épargnant la grande majorité des valeurs assurées. Alors les primes ou cotisations de la majorité épargnée servent à indemniser la minorité atteinte. Si un fléau est assez général dans son action pour atteindre à la fois tous ou presque tous les assurés, l'assurance serait aussi vaine, aussi illusoire que celle d'un danger qui ne menacerait personne. Et, pour le dire en passant, c'est la principale raison qui rend *inassurables* la sécheresse et la pluie.

Ces trois conditions se rencontrent dans toutes les assurances connues. Tout navire sur mer affronte le péril du naufrage. Toute habitation est exposée aux dangers de l'incendie. Tout père de famille redoute une mort prématurée qui laisserait ses enfants dans la gêne. Toute récolte sur pied, *dans les régions où se produit le phénomène de la grêle*, peut être hachée par le fléau. Et cependant les accidents qui se produisent demeurent heureusement exceptionnels, et n'atteignent qu'une très-faible minorité des assurés.

Or, le fléau de l'inondation n'a aucun de ces caractères. Il ne menace qu'une partie très-restreinte du sol, les terrains bas et les vallées. Le rapport de la Commission énonce le fait d'une manière assez naïve, en accordant

---

(1) Un événement *probable* est celui dont la chance de réalisation, dont la *probabilité* dépasse 50 pour 100.

que les inondations « désolent *plus fréquemment* les ter-
« rains bas que ceux que leur élévation protége, » vérité
qui ne rencontrera pas de contradicteurs. Les dix-neuf
vingtièmes des cultivateurs de France, et je ne dis pas
assez, sont absolument à l'abri du fléau. Il ne menace
même pas les riverains des cours d'eau d'une manière
permanente et *actuelle* ; il les laisse pendant des années,
des séries d'années, dans une entière sécurité. A certaines
époques, et dans certaines conditions, les inondations,
comme celles du Nil, sont plutôt un bienfait qu'un désastre. Je lis dans le rapport de la Commission que « ce
« fléau ne produit de sérieux ravages qu'environ tous les
« dix ans, » et l'on ajoute « qu'une catastrophe comme
« celle de 1856, *contre laquelle toutes les prévisions sont*
« *impuissantes*, ne se présente pas deux fois en un siè-
« cle. » Comment la Commission n'a-t-elle pas compris
que ces lignes suffisent à frapper de stérilité l'institution
projetée ? A qui persuadera-t-on que le cultivateur, si éco-
nome de ses deniers, ira s'imposer une contribution an-
nuelle pour se garantir d'un danger si éloigné ?

Tant que les eaux du fleuve ne dépassent pas un certain
niveau, il dort tranquille, et toutes vos sollicitations se
briseront contre sa sécurité. Le sentiment du danger ne
sera éveillé chez lui que lorsque les eaux grossiront d'une
manière menaçante, lorsqu'elles auront déjà envahi les
terres qui l'avoisinent. Oh ! alors, je n'en doute pas, les
demandes d'assurance afflueront chez les préposés de la
caisse, oisifs depuis dix ans peut-être ; mais alors aussi la
caisse se ruinerait en accueillant ces demandes, car ce
n'est plus d'un risque qu'il s'agit, et le sinistre non encore
consommé est presque inévitable. Quand on apprend par

le télégraphe que la Loire est débordée à Roanne, on est *certain* qu'elle le sera demain à Orléans, après-demain à Tours, le jour suivant à Angers. Dans de telles conditions il n'y a pas d'assurance possible. Mais fera-t-on comprendre cela aux cultivateurs alarmés qui viendront en foule assiéger les bureaux de la caisse et réclamer le bienfait de l'institution qu'on leur aura si chaudement recommandée ?

Enfin je suppose que, par impossible, la caisse ait recueilli en temps utile une masse notable de cotisations, il est hors de doute qu'elles s'appliqueront aux terres les plus basses et les plus exposées. Si un sinistre éclate, il sera nécessairement général. L'inondation n'épargne personne, elle n'a pas les caprices de la grêle, les foyers circonscrits de l'incendie, les particularités du naufrage ; elle n'est jamais un accident isolé, et le niveau des eaux est une loi inflexible. Tous les associés seront frappés ensemble, ce qui revient exactement au même que s'ils n'avaient pas songé à s'associer.

On le voit donc, les conditions de l'assurance font ici complétement défaut. Si les désastres des inondations ont jusqu'à présent manqué d'assureurs, qu'on n'en accuse pas l'impuissance de l'industrie privée. C'est la force des choses qui exclut ces désastres du domaine de l'assurance. L'Etat ne pourrait que se compromettre gravement en tentant une pareille entreprise. Obligé de refuser la garantie de la caisse aux seuls jours où elle serait recherchée, aux jours des grands périls, il ne recueillerait que des plaintes amères, peut-être tumultueuses, et des malédictions. Il a mieux à faire que de s'appliquer à fonder pour les désastres des inondations un système d'indemnité que la nature des choses ne comporte pas ; c'est de s'attaquer directement au fléau lui-même pour le prévenir ou en amoindrir les effets. Chacun sait d'ailleurs que c'est une des plus vives sollicitudes personnelles de l'Empereur. Les ingénieurs sont à l'œuvre. On doit espérer qu'ils réussiront à contenir les fleuves. C'est le grand but à atteindre, et je crois pouvoir ajouter que c'est le seul à poursuivre.

Des observations analogues me paraissent exclure aussi la gelée du domaine de l'assurance. La gelée ne menace que les vignes, les arbres fruitiers et quelques cultures spéciales. Le rapport de la Commission, par une étrange préoccupation, mentionne les prairies et les céréales : on ne trouvera pas un seul cultivateur en France disposé à payer une cotisation quelconque, fût-elle minime, pour garantir contre le péril imaginaire de la gelée ses blés ni ses prairies. Ainsi restreint quant aux objets qu'il affecte, le danger de la gelée l'est aussi quant à sa durée : un mois à peine, à l'époque de la floraison. On peut en préserver, avec quelques frais, les cultures précieuses : les espaliers des environs de Paris, les vignes des riches crus du Médoc sont à l'abri de la gelée. Si leurs propriétaires trouvaient une économie à s'affranchir de ces frais en payant une prime d'assurance, l'assurance serait donc funeste à la production ; mais je reconnais que ces moyens de préservation ne peuvent pas être généralisés. Tant que le vent sera au sud et la température douce, le cultivateur espérera traverser heureusement la période critique, il ajournera le sacrifice d'une cotisation. Si le vent se fixe au nord, si le thermomètre s'abaisse rapidement, il accourra aussitôt au bureau de la caisse pour

proposer son assurance, alors que le sinistre sera imminent, presque inévitable. Encore exceptera-t-il les coteaux
qu'une exposition favorable protége, dont une longue expérience lui a appris à ne rien redouter ; il n'offrira à l'assurance que les cultures les plus compromises. Puis, si la
gelée sévit, elle frappera à la fois des régions, des pro-
vinces, des zones entières. La gelée n'a sans doute pas
l'inexorable niveau du fleuve débordé, mais elle n'a pas
non plus les caprices inégaux de la grêle, moins encore
les hasards isolés du naufrage et de l'incendie. La caisse
n'assurerait que les plus mauvais risques, et tout sinistre
qui l'atteindrait serait désastreux. J'ajoute que les caractères propres des dégâts causés par la gelée sont souvent
très-difficiles, presque impossibles à saisir. C'en est assez
pour conclure que la gelée, de même que l'inondation,
n'est pas un risque *assurable*.

Je serai moins absolu au sujet de la mortalité des bestiaux. Au premier abord et en principe, rien ne s'oppose
à ce que ce risque soit considéré comme éminemment assurable. Il réunit les trois conditions que j'ai posées. Le
danger est permanent, toujours actuel. En même temps il
est incertain et fortuit. Enfin les sinistres semblent devoir
se particulariser dans des accidents isolés. Puisqu'on assure la vie des hommes, pourquoi n'assurerait-on pas celle
des animaux ?

Et cependant j'aperçois aussitôt deux différences capi-
tales. Le sentiment de la conservation et la sollicitude af-
fectueuse des familles sont la garantie des compagnies qui
assurent la vie des hommes. Quand il n'y aura plus d'intérêt à la conservation des animaux, quand souvent le cultivateur, la bête étant affaiblie, aura un intérêt contraire,

où sera la garantie des ménagements dus à la faiblesse et à l'âge, de la bonne hygiène, des soins empressés aux sujets malades? Je craindrais vraiment que la Société protectrice des animaux n'eût à s'inquiéter des conséquences de l'institution projetée. Je craindrais que la mortalité ne s'en trouvât assez sensiblement accélérée, ce qui serait un dommage public, une diminution de la production, un résultat bien différent de celui qu'on se propose. On s'est mille fois indigné de la brutalité, de la cruauté des anciens propriétaires d'esclaves : se figure-t-on ce qu'eussent été des négriers, des trafiquants, des planteurs dont le *bétail* aurait été assuré?

En second lieu, les épidémies qui affligent l'espèce humaine semblent avoir perdu de nos jours et dans notre pays le caractère dévastateur qu'elles avaient autrefois. Les accidents de mort qu'elles entraînent sont demeurés, malgré leur fréquence, de rares exceptions sur la masse. Nous avons subi en un quart de siècle trois invasions du choléra sans que la population ait été notablement diminuée, sans que le crédit des compagnies d'assurance sur la vie ait été un seul instant ébranlé. Elles profitaient même des inquiétudes répandues pour multiplier leurs affaires sans augmenter leurs primes. Mais il en est tout autrement des épizooties. Elles sont demeurées dévastatrices presqu'à l'égal des inondations. Aussi les risques de la mortalité ordinaire et ceux des épizooties sont absolument distincts ; il y a des assureurs qui ont essayé de garantir les uns sans les autres, d'assurer la mortalité en exceptant l'épizootie. Cette distinction fondamentale paraît avoir échappé à la Commission et aux auteurs du projet.

Je suis convaincu que l'assurance ne trouvera pas à

s'appliquer d'une manière générale à l'*épizootie*, et par les mêmes raisons que j'ai déduites à l'occasion des inondations et de la gelée. Ces trois fléaux ont le caractère commun de laisser le cultivateur dans une parfaite sécurité pendant des années entières, jusqu'au moment où le danger apparaissant n'est plus un *risque*, mais l'imminence d'un désastre. Tant que le bétail sera sain dans sa région, le cultivateur s'abstiendra, et l'on n'obtiendra certainement pas du paysan breton qu'il se cotise au profit des bergeries du Berry. Mais si la maladie envahit les cantons voisins et gagne de proche en proche, aussitôt, la panique s'emparant des campagnes, la caisse sera assiégée de demandes d'assurances. Il importera assez peu qu'elles soient accueillies ou repoussées. Quand il y a sinistre pour tout le monde, l'assurance est illusoire.

Voici d'ailleurs ce que je lis dans le rapport de la Commission :

« Beaucoup de raisons expliquent l'éloignement des ca-
« pitaux pour ce genre d'assurances. D'abord les sinistres
« *ne dépendent pas ici d'accidents météorologiques*. De
« mauvais fourrages, des eaux insalubres, la privation
« ou la trop grande abondance de nourriture, l'excès de
« travail, de mauvaises conditions de stabulation, le dé-
« faut de soins, de mauvais traitements, l'absence de vé-
« térinaires instruits dans les campagnes, etc., amènent
« souvent la perte des animaux. En outre, le retour pé-
« riodique des épizooties dans certaines localités, la faci-
« lité de tromper l'assureur, les ventes fréquentes de bes-
« tiaux, les contestations auxquelles donnent lieu les
« augmentations ou diminutions de valeurs en cas de si-

« nistres, sont autant de causes qui détournent les capi-
« taux de ce genre de spéculation. »

Que pourrais-je ajouter à cette énumération ? Elle est
vraiment effrayante, et si je m'étonne d'une chose, ce
n'est pas de l'éloignement des capitaux, c'est plutôt de ce
qu'on puisse songer à compromettre l'Etat dans une tentative si périlleuse, pour assurer des sinistres qui, on
le déclare, *ne dépendent pas d'accidents météorologiques*,
et ne proviennent souvent que de mauvaises conditions de
soins, que l'assurance aurait évidemment pour effet de
rendre plus mauvaises en détruisant l'intérêt à la conservation. Ici encore, comme pour les inondations, l'administration a mieux à faire. C'est de combattre directement
le mal lui-même, au grand avantage de la production,
en s'attachant à assainir les campagnes comme elle assainit les villes.

Toutefois, je le répète, ces observations en ce qui concerne la mortalité des bestiaux n'ont pas dans ma pensée
un caractère aussi absolu qu'en ce qui touche aux inondations et à la gelée. Il y a de bons esprits qui croient à la
possibilité d'assurer les bestiaux, mais à la condition que
l'indemnité ne soit jamais intégrale, et aussi à la condition
de laisser à l'assureur une entière liberté pour choisir et
apprécier ses risques, pour écarter surtout ceux qui présenteraient un danger trop imminent.

Des essais sérieux ont été tentés dans ce but, en France
et en Angleterre. Ils ont eu jusqu'à ce jour peu de succès.
J'avoue qu'en cette matière je m'en rapporterais volon-
tiers à l'exemple et à l'expérience de la Grande-Bretagne.
De tous les pays du monde, c'est celui où d'une part l'institution des assurances a pris le plus de développements,

où d'une autre l'industrie de l'élève du bétail est aussi le plus avancée. Les assurances sur la vie particulièrement, fondées depuis un siècle et demi, se sont tellement répandues, ont tellement multiplié leurs combinaisons, qu'elles ont pénétré dans toutes les familles. On connaît bien peu en France ce côté des mœurs anglaises, et l'influence des assurances sur les dispositions testamentaires et la conservation des héritages. Ce n'est pas le lieu de traiter cette question, j'y reviendrai peut-être spécialement quelque jour. Mais on reconnaîtra qu'il était impossible que l'esprit d'association et l'esprit de spéculation, si ingénieux à rechercher toutes les applications du principe de l'assurance, négligeassent en Angleterre les intérêts de l'agriculture. Et pourtant l'assurance contre la mortalité des bestiaux a poussé peu de racines chez nos voisins. On ne découvre que deux compagnies à Londres, tandis que les assureurs maritimes, contre l'incendie et sur la vie des hommes s'y comptent par centaines.

J'ai sous les yeux les prospectus les plus récents, qui constatent expressément que l'assurance contre la mortalité des bestiaux n'a encore fait que peu de progrès. L'institution paraît à son début. On doit lui souhaiter d'heureux développements, en Angleterre comme en France. Mais certainement ce n'est pas trop de toute la vigilance de l'industrie privée pour garantir l'institution elle-même des périls qu'a si bien énumérés le rapport de la Commission. Tout en les détaillant, la Commission semble reprocher aux compagnies de s'entourer de précautions trop prudentes, et notamment de n'accorder aux assurés qu'une indemnité *partielle*, ordinairement les trois quarts de la valeur assurée. Elle ne réfléchit pas que cette condition est indispensable pour maintenir chez les propriétaires de bestiaux l'intérêt à la conservation, tellement indispensable qu'il serait d'une bonne police que l'autorité l'imposât aux assureurs, s'ils n'avaient pas la sagesse de la stipuler eux-mêmes. Autrement l'assurance deviendrait une prime d'encouragement offerte à l'ignorance, aux mauvais soins et à la brutalité des propriétaires d'animaux. Les compagnies anglaises ont adopté aussi cette précaution de ne rembourser que les trois quarts ou les deux tiers de la valeur assurée. Je remarque de plus que, dans toutes les demandes d'assurances qui leur sont adressées, le proposant doit déclarer, sous son affirmation et celle d'un inspecteur, *s'il existe une épizootie dans le voisinage et à quelle distance*, aucun assureur quelconque ne pouvant se charger, à peine de ruine, des risques d'une épizootie qui a déjà éclaté. J'ai donc le droit de conclure que l'assurance générale et intégrale, telle que la Commission l'a comprise, est impossible.

J'arrive enfin au risque de la grêle. Ici, plus de doute possible, ce fléau est essentiellement du domaine de l'assurance. Il réunit bien positivement les trois conditions requises. Rien de plus incertain, de plus fortuit, de plus proprement accidentel qu'un dommage de grêle ; la nuée passe, saccageant votre champ, épargnant celui du voisin. La main coupable ou négligente de l'individu ne peut rien pour produire la grêle ; toutes les lumières de la science, toutes les ressources de l'Etat n'ont rien pu pour la prévenir. Il n'y a donc qu'une seule chose à faire : associer les cultivateurs que le fléau menace, afin d'en indemniser les victimes.

Aussi s'est-on préoccupé depuis longtemps de fonder

des assurances contre la grêle. Pour cela, comme pour les autres natures d'assurances, deux systèmes sont en présence, la mutualité et les compagnies à engagements fixes. Ces deux systèmes ont chacun leurs partisans ; ils correspondent en quelque sorte à des habitudes d'esprit différentes, et leur rivalité est la garantie du public contre les exigences des compagnies fondées dans un but de spéculation. Il faut qu'elles se contentent d'un bénéfice modéré, sous peine de se voir débordées par la concurrence de la mutualité. Il y aura toujours des esprits plus confiants qui préféreront les chances de la mutualité, et des esprits plus timorés qui choisiront un contrat rigoureux par lequel leur sacrifice sera défini à l'avance, les chances de l'imprévu, en bénéfice ou en perte, étant rejetées sur une compagnie. Le public, comme je le disais tout à l'heure, profite de la coexistence et de l'émulation des deux systèmes.

Le rapport de la Commission a constaté l'existence de nombreuses sociétés d'assurances contre la grêle, mais pour en affirmer bien lestement l'impuissance. Afin de rester conséquent avec les sages doctrines du Gouvernement, qui a déclaré, par l'organe du *Moniteur*, que l'Etat *ne veut ni ne doit* se substituer à l'action de l'industrie privée là où cette action est efficace, il était nécessaire de démontrer l'inefficacité des efforts des sociétés. Or, la démonstration est hasardée. On s'est borné à rapprocher sommairement quelques chiffres très-hasardés eux-mêmes. La matière assurable contre la grêle est évaluée, dit-on, à cinq ou six milliards. L'importance des valeurs assurées n'atteint pas deux cents millions : donc l'institution est impuissante.

Quand bien même ces chiffres seraient aussi exacts qu'ils le sont peu, là ne serait pas la question. Toute institution nouvelle a besoin de temps pour se développer, et alors surtout qu'elle a à vaincre les défiances et l'esprit de routine des campagnes. Si l'on avait appliqué ce procédé d'argumentation aux assurances contre l'incendie et sur la vie des hommes quelques années après leur établissement en France, on aurait conclu à l'impuissance de l'industrie privée, qui cependant couvre aujourd'hui la France de ses mille ramifications, et suffit amplement, on le reconnaît, à sa tâche. Il n'y a pas une seule industrie, parmi les plus prospères, depuis la filature jusqu'à la sucrerie indigène, qui n'ait eu des débuts laborieux et qui eût pu échapper à un *veto* si expéditif. La question n'est donc pas telle qu'on l'a posée. Il s'agit de savoir si les sociétés d'assurances contre la grêle sont d'anciens essais déjà condamnés par l'expérience, ou une industrie jeune et vivace ; si elles sont en décadence ou en progrès ; si, dès aujourd'hui, en 1857, tout cultivateur prévoyant a pu faire assurer ses récoltes contre la grêle par des compagnies solvables, et à des conditions raisonnables ; voilà les vrais termes du problème, et je ne doute pas qu'ils ne fussent acceptés avec confiance par l'industrie privée.

Mais, de plus, je ne saurais laisser passer sans rectification les chiffres allégués. Il se peut que la totalité des produits du sol en France soit évaluée annuellement à cinq ou six milliards. La valeur assurable contre la grêle est bien différente. Il y a d'abord à défalquer les régions où ce fléau est heureusement inconnu, toute la Bretagne, presque toute la Normandie, le littoral du Poitou, etc. Dans les départements où le fléau sévit le plus cruellement, il y a des cantons entiers qu'il n'atteint jamais; il y a, le long des cours d'eau, des coteaux qu'il épargne constamment pour frapper le coteau voisin. — « Vous voyez cette pointe de rocher, disait un cultivateur à un agent d'assurances qui le sollicitait, l'orage s'y brise toujours, la grêle va ravager l'autre côté de la rivière, et il ne tombe que de la pluie sur mes champs; aussi je n'ai aucune inquiétude, et ne serai pas si sot que de me faire assurer. » Il y a enfin, par toute la France, à déduire la valeur des produits qui n'ont rien à craindre de la grêle, les bois, les prairies, les pommes de terre, les betteraves. Toutes ces déductions opérées, il ne reste pas plus de deux milliards environ de valeurs assurables, d'après les appréciations des compagnies. Quant aux valeurs assurées, au lieu de deux cents millions, elles ont atteint cette année quatre cent cinquante millions. C'est une proportion fort considérable, si l'on réfléchit à la date récente de l'institution, très-récente surtout des compagnies à engagements fixes. Ce dernier système n'est guère inauguré que depuis trois ans, et déjà, en 1857, près d'un million et demi de francs de dommages auront été remboursés aux cultivateurs qui ont choisi la prime fixe de préférence à la mutualité.

Je le demande, est-ce là une industrie impuissante, et dont on ait le droit de parler avec dédain, que celle qui, à ses débuts, dans ses trois premières années d'organisation et d'essais, a obtenu de pareils résultats? N'est-ce pas plutôt une industrie jeune, qui se développe dans une progression rapide, qui est pleine de vitalité et d'avenir?

La Commission n'a pas été mieux inspirée dans ses dédains pour les sociétés mutuelles; elle leur reproche d'exclure les plus mauvais risques et de n'avoir pas toujours remboursé l'intégralité des dommages, sans s'apercevoir qu'elle fait ainsi le procès du projet qu'elle recommande ; car, dans ce projet, l'association étant mutuelle, et cependant la cotisation limitée et invariable, la caisse, qui s'interdirait de plus la faculté de refuser les mauvais risques, serait exposée bien plus que toutes les sociétés existantes à ne rembourser qu'une faible proportion des dommages. D'ailleurs, le reproche est singulièrement exagéré. Je lis dans le rapport : « Si, grâce à l'élevation des cotisations, « à l'exclusion de beaucoup de valeurs assurables, quel- « ques-unes ont pu distribuer des indemnités intégrales, « le plus grand nombre n'ont pu réparer, sauf de rares « exceptions, qu'une part proportionnelle des sinistres. « La plupart n'ont donc, au point de vue des services ren- « dus, que peu ou point de titres à la bienveillance du « Gouvernement. » Or, il se trouve qu'au bas de cette même page une note détaillée, résumant les résultats des sociétés mutuelles, donne le plus éclatant démenti aux affirmations que je viens de transcrire, en démontrant que l'*exception* a été précisément le remboursement partiel, et que, sauf une ou deux années désastreuses, *la plupart* des compagnies mutuelles ont remboursé intégralement les dommages.

Les assurances contre la grêle fournissent une observation de tous les jours, qui vient bien confirmer ce que j'ai dit à l'occasion des autres fléaux dont l'assurance m'a semblé impossible. Ce n'est jamais que dans la saison même de la grêle que l'on recueille des assurances, le plus souvent quand le temps est orageux et que le cultivateur est impressionné par l'orage de la veille qui a dévasté les champs du voisin. Si le ciel est serein et le vent fixé au

nord, il n'y a guère d'assurances à faire. On voit des cultivateurs qui, après avoir laissé passer presque tout l'été,
viennent solliciter l'assurance huit jours avant la moisson.
Le tonnerre a roulé la nuit précédente, a troublé leur som-
meil et leur quiétude, et ils se sont dit que leur premier
soin, le jour venu, serait de se faire assurer. C'est encore
ainsi que les compagnies contre l'incendie ne font jamais
autant d'affaires nouvelles qu'au lendemain d'un grand
désastre qui a impressionné la population.

Le sentiment d'un danger *actuel* est donc toujours ce
qui détermine à s'imposer un sacrifice ou simplement l'em-
barras d'une démarche. En matière de grêle, comme en
matière d'incendie, les assureurs n'ont aucun motif de se
tenir en garde contre cette disposition naturelle des esprits, ils en profitent au contraire pour étendre leurs affaires. L'orage et l'incendie de la veille ont eu de l'action
sur les imaginations, ils n'en auront pas sur les événe-
ments du lendemain. Pour s'affranchir du péril trop imminent, du désastre déjà consommé peut-être, il suffit à
l'assureur contre la grêle de stipuler que sa garantie ne
commencera que le lendemain de la souscription, et cette
précaution si légitime excite encore de vives réclamations
chez les cultivateurs. Mais, en matière d'inondation, de
gelée, d'épizootie, quand le fleuve grossit d'heure en
heure, quand le thermomètre baisse graduellement, quand
la maladie gagne de proche en proche, cette précaution
serait bien insuffisante. L'assureur n'aurait d'autre res-
source contre la ruine que de s'abstenir, c'est-à-dire de
refuser les risques aux seuls moments où on les lui proposerait.

En résumé, rien de moins établi pour ce qui concerne la

grêle que la prétendue impuissance de l'industrie privée.
Et pourtant c'est sous ce rapport le seul argument invoqué
en faveur du projet. L'industrie privée est vivace, elle
est en progrès, et, si une chose doit étonner, c'est la rapi-
dité même de sa progression depuis deux ans. Cela indique que la période d'élaboration, de tâtonnement, est fi-
nie, et que les campagnes ont compris le bienfait de l'institution. Laissez-lui encore quelques années, encouragez-la
au lieu de l'inquiéter, et elle suffira bientôt à sa mission.
L'industrie privée fait comme ce personnage devant qui
l'on niait le mouvement, elle marche.

Au reste, s'il arrivait que, contrairement à toutes les
apparences et à une expérience, suivant moi, déjà suffi-
samment décisive, l'industrie des assurances contre la
grêle, après de si sérieux essais pratiqués sur près de
cinq cents millions de valeurs, dût reculer et laisser con-
stater son impuissance, bien loin de conclure de cet insuccès en faveur de la création de la caisse publique, j'en
tirerais cette conséquence inverse que la grêle, comme la
gelée et l'inondation, serait *inassurable*. Car ce serait une
erreur complète que de s'imaginer que l'Etat offre ici plus
de garanties que les compagnies, excepté aux mauvais risques que celles-ci refusent ou écartent par l'élévation de
leurs primes. Quant à présent, il n'est pas question d'engager ses finances. Le projet que je discute n'est pas même
un projet de loi, mais de simple décret, et n'a pas besoin
d'être soumis à la sanction du Corps législatif. Il ne s'agit
que d'établir, par voie administrative et sous le patronage
de l'administration, une vaste caisse d'assurances mutuelles vivant de sa vie propre et des seules ressources
fournies par les cotisations des assurés ; on ne doit men-

tionner que pour mémoire les dons et legs qu'elle pourrait recevoir et qui ne sauraient manifestement avoir
aucune importançe. Sauf l'appui moral d'un si haut patronage, la caisse des assurances agricoles serait donc exactement dans les mêmes conditions, soumise aux mêmes
principes que les compagnies particulières. Ce qui est impossible à celles-ci par la nature même des risques à garantir ne le serait pas moins à celle-là.

A la vérité, les populations ne comprendront pas facile-
ment cette distinction entre un engagement de l'Etat et un
patronage administratif. Les cultivateurs croiront ferme-
ment que le Gouvernement s'est obligé à les indemniser.
Si l'expérience les détrompe, les ressources de la caisse se
trouvant insuffisantes, la déception sera complète, et nuira
sans doute au crédit et à la bonne renommée de l'Etat.
Ils croiront obstinément, bien qu'à tort, que le Gouvernement aura manqué à ses promesses, et ceci, pour le Gouvernement lui-même, est un des plus graves périls de la
situation qu'on lui propose de prendre. Il perdrait toute
sa popularité dans les campagnes, si les sinistres dont la
caisse était atteinte ne lui permettaient de répartir que des
indemnités partielles.

Or, je ne crains pas d'affirmer de nouveau que ce danger d'une insuffisance de ressources menacerait bien plus
encore la caisse générale des assurances agricoles que
toute autre mutualité, et cela par plusieurs raisons très-
sensibles. Une compagnie particulière étend ses opérations successivement de proche en proche, après avoir
étudié avec soin chaque localité, tandis que la caisse générale offrirait de prime abord sa garantie à la France
entière. De là tous les inconvénients, tous les périls de

l'inexpérience. Une compagnie particulière *mutuelle* proportionne les cotisations aux sinistres jusqu'à un certain maximum, tandis que, suivant le projet, les cotisations de la caisse générale seraient fixes et invariables. On comprend de suite que les ressources de la caisse, dans les années calamiteuses, seraient moindres que celles des mutualités particulières, de tout le supplément de cotisation que celles-ci se sont réservé la faculté d'appeler. Enfin, les compagnies particulières n'étant pas formées dans un but de philanthropie, mais dirigées par l'intérêt de leur propre sûreté, demeurent libres de *choisir* leurs risques, d'y *proportionner* leurs primes, de *refuser* même les risques trop dangereux. La caisse générale, obéissant à d'autres mobiles et n'ayant pas cette faculté de *refuser les mauvais risques*, qui est la sauvegarde de tout assureur expérimenté, recueillerait donc, on n'en saurait douter, tous les plus mauvais risques que refuserait une compagnie particulière, et serait donc certainement atteinte d'une bien plus grande proportion de sinistres.

Ceci mérite de nous arrêter quelques instants, car il n'est pas de question plus mal comprise. Il y a un préjugé très-répandu contre les compagnies d'assurances qui refusent des risques comme trop dangereux ou qui élèvent proportionnellement leurs primes; c'est même un des principaux arguments des partisans du projet. Les intérêts qui se croient lésés par les exigences des compagnies sont surtout ardents à réclamer l'intervention de l'Etat. Le rapport de la Commission présente à plusieurs reprises les traces de ce singulier préjugé. Autant vaudrait reprocher à un banquier de se préoccuper de la solvabilité de ses correspondants, à un marchand quelconque de ne pas faire uniformément crédit à tous les acheteurs; autant vaudrait voir tous les emprunteurs et les débiteurs insolvables demander la création d'une banque publique spécialement destinée à leur faire des avances. Concevrait-on une compagnie d'assurances sur la vie qui demanderait la même prime à tous les âges, et qui n'exigerait pas la justification du bon état de santé de ses assurés? Elle aurait aussitôt pour clients tous les octogénaires et tous les malades.

Les mauvais risques seraient la ruine de tout établissement d'assurances, à moins qu'il n'en obtînt la compensation par un procédé d'une injustice flagrante et d'une exécution pratiquement impossible, en faisant payer d'autant plus cher la garantie des bons risques. Supposez deux industriels qui présentent en même temps leurs usines à assurer contre l'incendie. L'une a des constructions en pierres et des charpentes de fer, des bâtiments isolés et séparés par des cours spacieuses, des réservoirs d'eau dans ces cours, plusieurs corps de pompes et un personnel d'ouvriers exercés à les manier. L'autre, au contraire, est un amas de bâtiments à pans de bois, aux escaliers huileux, aux salles malpropres, aux ruelles étroites, où tout annonce le désordre et l'incurie. Faudra-t-il que l'assureur accepte indistinctement ces deux risques si dissemblables? Serait-ce juste? Serait-ce moral? Non, sans doute. Bien loin de reprocher aux compagnies contre l'incendie leurs exigences pour le choix de risques, on doit s'en féliciter dans l'intérêt général, car ces exigences tendent sans cesse à améliorer les conditions matérielles des choses, et par suite à écarter les dangers que courent les personnes. Elles sont pour beaucoup dans les progrès des constructions, dans leur assainissement même, dans la disparition successive des chaumes, etc.; elles concourent avec les règlements d'administration et de police à ce but éminemment désirable : la diminution des chances d'incendie.

Il en sera de même en matière d'assurances maritimes, et ici la vie des hommes est encore bien plus directement en jeu. Tant qu'on trouvera des assureurs complaisants, on exposera aux dangers des tempêtes des navires que leur vétusté ou leur mauvais entretien rend incapables de les supporter. Les exigences des assureurs forceront presque seules les armateurs à démolir un trop vieux navire ou à lui faire les réparations indispensables à la sûreté de la navigation. Des armateurs français essayèrent, il y a quelques années, de se soustraire à ces exigences au moyen d'une vaste association mutuelle où tous les navires étaient admis. Après quelques années d'épreuve, cette association a succombé sous l'immensité des pertes. En même temps continuait à prospérer une Compagnie mutuelle plus restreinte, qui assure les navires des seuls ports de Dieppe, Fécamp et Saint-Valery en Caux, destinés à la pêche de Terre-Neuve. Cette mutualité Dieppoise obtient un plein succès et les sinistres sont très-rares. Mais aussi la direction est extrêmement sévère pour le choix des risques ; elle repousse tous les navires qui ont dépassé un certain âge ou qui ne réunissent pas les conditions d'une entière sécurité, et c'est grâce à cette sévérité que l'on rencontre à Dieppe moins d'orphelins et de veuves que dans les ports où s'achètent les navires que la mutualité repousse.

Cette digression semble m'écarter de mon sujet ; cependant elle l'éclaire, car les principes de l'assurance sont toujours les mêmes, qu'il s'agisse d'une mutualité ou d'un corps de capitalistes, d'une industrie privée ou d'une caisse publique patronnée par l'administration, de risques maritimes ou de risques agricoles.

L'exemple de la mutualité Dieppoise nous apporte un autre enseignement qui dément complétement cette proposition plusieurs fois reproduite dans le rapport de la Commission comme un axiome, à savoir qu'une association mutuelle d'assurances aurait d'autant plus de chances de succès que son périmètre serait plus étendu. Cela serait vrai si les risques étaient partout semblables, mais s'ils sont inégaux c'est une erreur grave. Une mutualité a plutôt besoin que ses risques soient homogènes que très-multipliés. Les pêcheurs de morue de la baie de Saint-Brieuc, les caboteurs du Languedoc, les navires charbonniers de Newcastle ont pu s'assurer mutuellement entre eux comme les Terreneuviers de Dieppe, tandis qu'il n'a jamais été possible, en Angleterre ni en France, de mener à bien une mutualité embrassant toutes les navigations. La société mutuelle contre l'incendie la plus prospère est celle qui n'assure que les immeubles de Paris. Les mutualités contre la grêle qui ont les plus constants succès sont les deux sociétés qui se sont renfermées respectivement dans les limites des départements de l'Aisne et de Seine-et-Marne, où tous les risques se présentent dans des conditions à peu près semblables. Aussi j'aurais plus de confiance dans une compagnie qui se proposerait d'assurer contre la mortalité les vaches bretonnes ou les chevaux normands à l'exclusion de tout autre bétail, que dans celle qui prétendrait associer les propriétaires de bestiaux de la France entière.

C'est en matière de grêle surtout qu'il y a de bons et de mauvais risques, et que doit varier la prime qui en est l'expression. Dans le département du Finistère, où le risque peut être réputé nul, ce serait trop que de demander *un pour mille*, et l'on n'obtiendrait pas des cultivateurs ce sacrifice minime. Dans certaines régions du Gers ou du Rhône, ce ne serait pas assez que de demander pour les vignes jusqu'à *trente pour cent*. Le rapport de la Commission mentionne des localités où en moyenne une récolte est grêlée sur trois. Qu'est-ce à dire, sinon que la prime d'assurance y vaut mathématiquement trente-trois pour cent? Sans doute ici les précautions et les soins ne peuvent rien contre la fatalité du fléau ; mais le plus simple bon sens indique clairement que le cultivateur n'a qu'une alternative. Si le produit de ses vignes est assez riche pour pouvoir supporter une prime de trente-trois pour cent, ou, ce qui revient au même, si deux récoltes représentent un rendement avantageux pour trois années, il continuera de cultiver la vigne ; s'il en est autrement, il se soumettra à la loi de la nécessité, tout comme le Normand et le Picard, à qui la nature n'a pas permis de se faire vignerons, il arrachera les ceps, il aura des herbages, des pommes de terre, des betteraves, tout ce qui ne craint pas la grêle. Je n'aperçois pas sous quel prétexte quelconque la société devrait lui garantir la culture de la vigne plutôt qu'au Normand et au Picard ; en vertu de quelle loi, avec quel semblant de justice la masse aurait à se cotiser pour violenter ainsi la nature.

Répétons-le donc encore une fois, car on ne saurait trop insister sur ce principe fondamental et pourtant si méconnu des assurances. Toujours il faudra proportionner aussi équitablement que possible la prime, qui est l'expression du risque, aux chances de l'accident, et conséquemment repousser, par l'exigence d'une prime très-élevée, les risques dangereux, et refuser absolument ceux qui ne présenteraient que de mauvaises chances. C'est parce que la gelée, l'inondation, les maladies des plantes, celles des vers à soie, dont un éleveur demandait naguère, dans un journal, la garantie à l'Etat, ne présentent que de mauvaises chances, que ces fléaux ne sont pas assurables, ni par l'industrie privée, ni par une caisse publique. C'est parce que la mortalité des bestiaux présente, suivant les espèces, les localités, les conditions de soins, etc., des chances trop inégales, trop disproportionnées, les unes assurables, les autres manifestement désastreuses, qu'une caisse publique, où afflueraient aussitôt tous les mauvais risques, courrait rapidement à sa ruine. Et l'on en peut dire à peu près autant de la grêle.

Tous les ans on inscrit au budget une somme de deux millions de francs environ pour secours à l'agriculture. On peut proposer de décupler, de centupler cette somme, s'il le faut, pour combler les vides de la caisse d'assurances agricoles et indemniser intégralement de tous les désastres. Mais, alors, nous ne sommes plus sur le terrain du projet, il n'est plus question d'une institution d'assurances ; c'est un nouveau droit à l'assistance qu'on proclamerait. Et alors aussi, quelle raison aurait-on de limiter les fléaux garantis ? Pourquoi cette faveur accordée aux propriétaires de bestiaux et non aux éleveurs de vers

à soie, aux prairies inondées et non aux prairies dessé-
chées, aux vignes gelées ou grêlées, et non aux vignes ra-
vagées par la maladie? Pourquoi même borner la garantie
aux seuls produits agricoles, et n'y pas comprendre les
moulins, les usines, les habitations, les ponts suspendus,
les viaducs que l'inondation peut emporter ou dégrader?
Et si le fleuve se creuse un autre lit, pourquoi ne pas indemniser les propriétaires des terres envahies?

La question change donc de face, et je suis naturellement conduit à examiner le projet, non plus en lui-même,
mais dans ses inévitables tendances.

II.

Il y a, dans le projet de décret joint au rapport de la
Commission, un article qui en indique la tendance, qui dé-
passerait même singulièrement le but qu'on s'est proposé,
et qui n'irait à rien moins qu'à détruire le caractère de
nos institutions municipales. C'est celui qui dispose que,
dans chaque commune, la déclaration d'assurance serait
reçue *soit par le maire ou son délégué,* soit par un agent
de la caisse générale, et inscrite immédiatement sur un
registre *déposé à la mairie.*

L'auteur du projet avait été bien plus explicite encore,
mais aussi plus logique. Voulant faire de l'assurance une
attribution de l'Etat, il constituait de plein droit tous les
maires agents de la caisse générale. C'était ajouter une
fonction nouvelle aux fonctions municipales, c'était les
agrandir sans en altérer le caractère. Les maires demeu-
raient les agents gratuits et honorés d'un service public.

Accepteraient-ils une semblable mission et seraient-ils en
état de la remplir? C'est ce dont ne s'embarrassait pas
l'auteur du projet. La Commission s'en est embarrassée.
« Le concours forcé des municipalités à la réception du
« contrat d'assurance, à la constatation des sinistres et à
« l'expertise, dit le rapport, ne semble pas admissible.
« Dans certaines localités, en effet, *leur insuffisance*, leur
« défaut de responsabilité pourrait nuire à la bonne admi-
« nistration de la caisse ou léser la mutualité. » Et plus
loin : « Nous avons dit précédemment pourquoi ce con-
« cours forcé des municipalités ne nous paraissait pas ac-
« ceptable, mais nous n'avons pas cru devoir aller jusqu'à
« le refuser d'une manière absolue... Lorsque la caisse le
« jugera nécessaire, elle aura un agent dans la commune,
« mais dans beaucoup de cas l'intervention du maire *lui*
« *épargnera cette dépense.* Elle lui procurera *gratuitement*
« un représentant naturel et permanent dans un grand
« nombre de pays où ses agents ne passeraient qu'à de
« rares intervalles, et elle aura l'avantage précieux pour
« le crédit de la caisse de la placer partout *sous le patro-*
« *nage visible du Gouvernement.* »

Je le déclare franchement, je ne sache rien de plus
anarchique qu'une pareille combinaison. Je la combats au
nom de la dignité des magistrats de nos plus humbles vil-
lages. Des maires libres d'accepter ou de refuser une attribution nouvelle de fonctions, des maires acceptés eux-
mèmes comme agents d'assurances par raison d'économie,
ou écartés pour leur insuffisance, pouvant donc être admis
et ensuite remplacés, des maires inspectés, stimulés, mo-
rigénés, révoqués par les commis salariés d'une caisse
d'assurance, et ces commis balançant les avantages de la

gratuité des services avec les inconvénients de l'*insuffi-sance* de zèle ou de lumières ; non, je ne comprendrai jamais qu'on ait pu songer à proposer une situation semblable aux municipalités de nos communes rurales. De deux choses l'une : ou il faut que le législateur, remaniant la loi municipale, place les assurances rendues obligatoires dans les attributions des mairies, ou il faut que la caisse libre d'assurances ait à se pourvoir partout d'agents spéciaux et salariés. Ces agents pourront être maires de leurs communes, qu'importe ! Beaucoup de représentants des compagnies sont dans ce cas, et un maire peut être assureur aussi bien que négociant, industriel ou cultivateur. Mais, pour qu'il n'y ait pas désordre administratif, il faut que la profession privée demeure distincte de la fonction publique, et que la mairie soit complétement étrangère aux opérations de la caisse.

La Commission se flatte donc bien vainement d'une économie de gestion. Il est évident que, dans son système, la caisse serait amenée à n'avoir que des agents salariés, car des fonctions ne peuvent pas être rétribuées quelque part sans l'être partout. Les maires acceptés comme agents ne tarderaient pas à réclamer les émoluments attribués aux autres représentants, ne fût-ce que pour en faire la libéralité à leurs secrétaires ; on n'aurait aucune raison quelconque de les leur refuser, et les fonctions municipales cesseraient d'être gratuites, puisqu'elles entraîneraient comme corollaire un mandat salarié. Ce serait une perturbation complète de nos institutions.

Je ne signale, du reste, l'article critiqué du projet de décret que comme l'expression ingénue de l'esprit qui a présidé au travail de la Commission. Cet esprit est celui d'une transaction entre les partisans de la liberté de l'industrie et ceux des monopoles de l'Etat, et moins encore d'une transaction que d'une *transition*, d'un acheminement, d'un accommodement provisoire qui doit préparer tout doucement le public, sans grandes émotions, sans vives alarmes, et par l'insuccès même des tentatives, à accepter de plus en plus l'intervention et finalement le monopole de l'Etat. Voilà le danger, le très-grave danger du projet. « La Commission, dit le rapport, a reconnu « que le principe de l'assurance obligatoire n'avait en soi « rien d'absolument injuste, et qu'il était le moyen le plus « expéditif, *le plus sûr peut-être*, pour fonder l'institution « que réclame depuis longtemps l'industrie agricole. « Mais, si ce principe n'est pas injuste, il aurait l'inconvé- « nient de le paraître... Chaque fois que l'assurance obli- « gatoire a été proposée, elle a excité des réclamations et « des alarmes. Il serait *impolitique* de ne pas tenir compte « de cet état de choses, et la Commission estime que, dé- « crétée tout à coup, *sans préparation*, l'assurance forcée « pourrait occasionner un trouble de nature à compro- « mettre le succès de l'institution. »

Ecoutons maintenant le langage plus brutal de la secte égalitaire.

L'*État, grand assureur* ! C'est l'intitulé d'un des articles de la *Presse*, c'est une des formules favorites de cette école, qui, par une des plus audacieuses profanations du langage, continue à se dire libérale, alors même qu'elle s'attache à dépouiller l'individu de toute spontanéité pour réduire les sujets du monstrueux pouvoir de ses rêves à la condition de fellahs du pacha d'Égypte. L'État, grand instituteur ! l'Etat, grand aumônier ! disait la même sect aux partisans de la liberté d'enseignement et de la liberté de la charité.

« Il n'y a véritablement d'utile et de complet, lit-on « dans la *Presse* du 31 juillet, que l'assurance par l'État... « En fait, l'État possède déjà cinq monopoles, qui sont du « plus pur communisme, et contre lesquels les bonnes « gens n'ont jamais songé à réclamer. Ces monopoles em-« brassent les postes, les tabacs, les cartes à jouer, les « poudres et les télégraphes électriques. Pourquoi donc « les assurances ne viendraient-elles pas grossir cette liste « déjà passablement complète? Pourquoi l'État, grand « maître de poste, grand colporteur de dépêches, grand « fabricant de tabac, de cartes à jouer, de poudres, ne « serait-il pas le grand assureur? » Pourquoi? La question est presque plaisante. Si l'on demandait à la *Presse* : « Pourquoi l'État ne serait-il pas le seul journaliste? » je pense qu'elle saurait répondre. Les bonnes raisons tirées de l'intérêt public et social qu'a le Gouvernement à ne pas laisser égarer les populations par des utopistes et des sectaires ne manqueraient pas cependant aux partisans du monopole du journalisme entre les mains de l'État. Pourquoi l'État ne serait-il pas le seul marchand de vin? On éviterait par là, dans l'intérêt de la moralité et de la salubrité publiques, toutes les falsifications des boissons, et tant d'affligeantes révélations, et les perquisitions de l'exercice, et l'on faciliterait singulièrement l'action de la police. Pourquoi l'État ne serait-il pas le seul boulanger et le seul boucher? Toutes les questions qui touchent à l'alimentation publique ont pour lui une haute importance, et l'État ne saurait leur donner une solution plus facile et plus intégrale. Pourquoi enfin l'État ne serait-il pas le seul propriétaire et le seul cultivateur du sol? Il n'y aurait plus besoin d'assurances, et ce serait à la fois bien plus simple et plus complet que de chercher péniblement à garantir les cultivateurs contre la moindre partie des fléaux qui les menacent.

Ces hypothèses paraissent à bon droit absurdes. On se tromperait cependant si l'on pensait qu'elles embarrasseraient les partisans quand même des monopoles de l'Etat. Un écrivain vient bien de proposer très-sérieusement de monopoliser la boucherie. « Avec un pareil système, — « dit le *Constitutionnel* du 27 août dernier, — il n'y a « pas de raison pour qu'on ne mette tous nos approvi- « sionnements entre les mains de l'administration, et « qu'on ne la charge même de préparer notre dîner. » C'est à merveille, mais comment se fait-il que ce même journal, qui raille si agréablement la proposition de faire de l'administration une bouchère, et qui conclut pour la liberté de la boucherie, soit un de ceux qui se sont prononcés le plus bruyamment en faveur de la caisse des assurances agricoles?

Il serait, d'ailleurs, aisé de montrer qu'aucun des monopoles dont l'Etat est déjà investi, et qu'énumérait complaisamment la *Presse*, n'a le caractère oppressif de celui dont on nous menace. L'intérêt politique, plus encore que l'intérêt fiscal, explique le monopole du transport des lettres et dépêches, et il est même de la force des choses que ce transport soit un monopole, puisqu'il n'a lieu que par des voies uniques, chemins de fer ou lignes télégraphiques. Il ne pourrait cesser d'être le monopole de l'Etat que pour devenir celui d'une compagnie, et la concurrence ne se comprend pas en cette matière. L'intérêt de

police explique le monopole des poudres. L'Etat n'est au-
cunement fabricant de cartes à jouer. La régie des contri-
butions indirectes fournit seulement le papier et surveille
la fabrication, qui est soumise à l'exercice, dans un double
in'érêt de fiscalité et de moralité, afin d'empêcher les tri-
cheries avec des cartes frauduleuses. C'est quelque chose
d'analogue au contrôle des bijoux. On conviendra que cet
impôt est peu oppressif et soulève peu de réclamations.

Le seul monopole critiquable est celui des tabacs. C'est
bien franchement un impôt, et des plus productifs. On
peut certainement regretter en principe qu'il soit établi
sous cette forme, et que l'Etat se soit érigé en fabricant
de tabacs ; c'est un mauvais exemple, qu'on ne doit citer
que pour détourner de le suivre. Après tout, cependant,
chacun est libre, s'il ne consomme pas de tabac, de ne
rien payer de cet impôt ; chacun demeure libre même
d'importer directement des cigares exotiques en acquit-
tant les droits de douane. Mais nul n'échapperait à l'impôt d'assurance ; impôt arbitraire, l'Etat n'ayant aucune
base fixe pour l'établir ; impôt oppressif, car l'Etat, si son
crédit était ébranlé, serait impuissant à donner la garantie
dont il exigerait le prix. Le temps n'est pas si loin de
nous où les engagements du Trésor, en 1848, perdaient
50 pour 100. Les engagements des compagnies d'assurances, à la même époque, gardaient toute leur valeur. Il
est donc bien naturel que, chaque fois que l'assurance
obligatoire a été proposée, elle ait excité des alarmes,
comme le constate le rapport de la Commission.

Que dire aussi de cette situation de l'Etat, juge et partie
en sa propre cause, tarifant les primes dans son omnipo-
tence fixant les indemnités par ses employés et les rem-

boursant quand et comme il lui plaira? Le public assuré
ne se préoccupe guère de l'échéance de ses primes d'assurances; il sait que les compagnies tiennent à conserver
leur clientèle et sont lentes à poursuivre. Désormais ce
serait avec le percepteur et le porteur de contraintes qu'il
faudrait compter. En cas de sinistres aussi, les compagnies
ont intérêt à régler promptement à la satisfaction de leurs
assurés; elles y sont poussées par la concurrence, par le
désir de maintenir et d'étendre leurs affaires, si leur
loyauté n'y suffit pas; elles procèdent commercialement,
sommairement, redoutant les procès, évitant d'accumuler
les frais et les paperasses inutiles. Après tout, s'il surgit
des contestations, les tribunaux sont là pour les vider, et
l'on sait qu'ils ne pèchent pas par excès de bienveillance
pour les compagnies en lutte contre des intérêts privés.
Avec l'Etat, où serait le recours contre une fin de non-
recevoir, contre une offre d'indemnité jugée insuffisante
par l'assuré, contre le zèle ou la minutie des fonction-
naires? Où serait la garantie d'un payement immédiat, si
le budget était obéré, si la guerre ou les révolutions dé-
voraient les ressources du Trésor, si seulement le crédit
voté en prévision l'année précédente était épuisé?

Arbitraire et oppressif, le monopole des assurances entre les mains de l'Etat aurait encore un caractère frappant
d'iniquité, car l'impôt atteindrait toutes les parties du ter-
ritoire et ne profiterait qu'à quelques localités. Les autres
monopoles, du moins, sont les mêmes pour tous. Tous les
Français sont égaux devant la poste aux lettres et la régie,
mais le sont-ils devant la grêle, devant l'inondation, devant la gelée?

Ici la question s'agrandit singulièrement, et de hautes

considérations se présentent à l'esprit. La nature a inégalement réparti ses dons, inégalement aussi ses fléaux. Il y a des terres fécondes et des landes arides ; il y a des coteaux bénis du soleil où la grappe dorée fournit une liqueur précieuse, et d'autres où mûriront à peine quelques gerbes de seigle. Il en sera éternellement ainsi, jusqu'à ce que l'école égalitaire ait réussi à cultiver sous les glaces du pôle l'olivier de Provence et la vigne de Sauterne. Mais, par une sorte de compensation qui est comme une justice de la Providence, les terres les moins riches sont les moins exposées aux fléaux de la nature. De toutes ces chances combinées, de tous ces éléments divers, se compose la valeur des terres. Le propriétaire des maigres pâturages de montagne où errent quelques moutons et quelques vaches est sans doute à l'abri de l'inondation. Demandez-lui pourtant s'il ne les échangerait pas avec empressement contre les riches herbages de la vallée qu'engraisse le limon même du fleuve, au risque de les voir inondés tous les dix ans? La chance de l'inondation empêche-t-elle ces belles prairies de valoir, à contenance égale, vingt fois plus que les landes qui les dominent? Quoi donc de plus manifestement injuste que d'imposer le pâtre de la montagne pour indemniser l'herbager de la vallée?

Les terres d'alluvion sont remarquablement fertiles ; souvent elles n'ont rien coûté à leurs possesseurs, elles ont enrichi le riverain qui s'est hâté de les disputer au fleuve. Et si le fleuve envahit de nouveau son domaine, il faudra que les cultivateurs qui n'ont jamais aucune chance de participer à ces profits du riverain, viennent participer à ses pertes?

Il en sera de même pour tous les autres fléaux. Il y a une vaste province qui nourrit plus du quinzième de la population totale de la France, et qui est dans une situation tout à fait singulière, c'est la Bretagne. Le soleil n'y prodigue pas ses rayons, la terre est ingrate dans une grande partie de la province, les pâturages sont maigres, toutes les races de bestiaux de petite taille. Le cultivateur ne recueille que les fruits d'un dur et opiniâtre labeur. Mais du moins il n'a rien à craindre des fléaux qui menacent d'autres contrées plus favorisées, ni la grêle, ni l'inondation, ni la gelée. Même son bétail robuste est peu sujet aux maladies. De quel droit viendrait-on lui imposer une assurance contre des calamités qu'il ignore? Et ce seul exemple ne suffit-il pas à montrer combien il serait profondément inique de généraliser, de rendre obligatoire une précaution qui doit rester facultative, sous peine de violer les lois mêmes de la nature?

Que penserait-on du gouvernement napolitain s'il s'avisait de frapper d'un impôt tous les cultivateurs des Deux-Siciles pour les assurer forcément contre les éruptions du Vésuve et de l'Etna?

L'assurance obligatoire des produits agricoles serait de plus tout à la fois immorale et funeste à la production, car elle favoriserait la paresse et l'incurie, elle habituerait les cultivateurs à compter en toutes choses sur le Gouvernement et non plus sur eux-mêmes. C'est le Gouvernement qui paye! on sait assez ce que signifie cette locution dans le langage populaire. Si toutes les vignes avaient été assurées par l'Etat contre la maladie, n'est-il pas évident que les moyens curatifs dont on a obtenu de si bons effets cette année auraient été d'une propagation

bien plus difficile? Les vignerons n'eussent-ils pas trouvé
que c'était un double emploi que de payer à la fois l'impôt
d'assurance et les frais de soufrage?

Enfin, car les arguments se pressent en foule, n'y a-t-il
en France que des producteurs agricoles? A t-on réfléchi
que les consommateurs sont encore plus nombreux? A-t-on
réfléchi surtout qu'un déficit dans la production, toujours
désastreux pour les consommateurs, est souvent très-avan-
tageux aux producteurs? Il est notoire, en effet, que ce
que redoutent le plus les cultivateurs, après la destruction
de leurs propres récoltes, c'est une trop grande abondance générale, qui avilit le prix des denrées. On a vu
laisser pourrir les pommes et la vendange comme ne va-
lant pas les frais de manipulation et d'enfûtaillement. Ce
que désirent les cultivateurs, c'est une production générale
un peu au-dessous des besoins, ce qui enfle aussitôt les
prix. La disette de ces dernières années a enrichi les producteurs de céréales; même l'oïdium a fait la fortune de
plus d'un vigneron partiellement atteint par le fléau, et
n'ayant obtenu, par exemple, qu'une demi-récolte. Dans
des cas semblables, se représente-t-on les cultivateurs de-
mandant à l'Etat un dédommagement pour les dégâts
éprouvés par leurs récoltes? On ne saurait le leur refuser,
puisqu'ils auraient payé l'impôt d'assurance; et, cependant, c'est le consommateur seul qui aurait souffert du
dommage; c'est à lui qu'il semblerait juste d'accorder
des indemnités.

Je m'arrête. Il semble d'ailleurs que ce ne soit pas le moment de traiter dans tous ses développements cette question de l'assurance obligatoire, puisque le Gouvernement
a pris soin d'en écarter la menace par ses déclarations. Il

suffit de montrer que, de l'aveu de la commission, le projet qu'elle recommande aurait pour résultat, sinon pour but, d'y *préparer* les esprits. C'en est assez pour que tous les partisans de la liberté de l'industrie repoussent résolument le projet.

Me voici parvenu au terme de cet examen. Si je ne me trompe, la conclusion est celle-ci :

Le projet, inspiré par une pensée noble, généreuse, bienveillante pour l'agriculture, conçu sous l'impression vive encore des désastres de l'année dernière, n'est point pratique et soulève des objections qui doivent le faire écarter. — Quant à la grêle, il s'appuie uniquement sur une erreur de fait : l'impuissance de l'industrie privée. — Quant à la mortalité des bestiaux, l'assurance n'en est pas possible dans les conditions libérales du projet, et comme une garantie offerte à tous ; elle ne l'est qu'avec les précautions, les restrictions, la vigilance de l'industrie privée. — Quant à l'inondation et à la gelée, le projet ne pourrait aboutir qu'à des déceptions, ces fléaux ne rentrant pas dans les conditions de l'assurance, non plus que la sécheresse, la pluie ni l'oïdium, que les auteurs du projet ont reconnus eux-mêmes *inassurables*.

Enfin le projet, compromettant le Gouvernement dans une tentative qui n'a pas de chances de succès, qui lui ferait perdre sa popularité dans les campagnes, a de plus une funeste tendance, celle de préparer les esprits, par son insuccès même, à voir proposer de rendre l'assurance obligatoire, c'est-à-dire d'établir un impôt inique et oppressif.

On doit remercier le Gouvernement d'avoir, dans sa sollicitude pour l'agriculture, provoqué une étude pleine

d'intérêt. Cette étude ne sera pas stérile. Elle dissipera
des illusions et des préjugés, elle rectifiera des idées qui
s'égaraient à la poursuite d'une entreprise chimérique.
Elle sera utile au Gouvernement lui-même en précisant les
limites de son action, en la concentrant tout entière sur le
vrai but, le champ grandiose de sa mission, sans la détourner vers des expérimentations décevantes. A l'Etat le
soin de combattre directement, dans l'intérêt public, tous
les fléaux qu'on peut prévenir ou amoindrir ; à lui la mission d'assainir les villes et les campagnes et de contenir
les fleuves. A la prévoyance individuelle et à l'industrie
privée, rassurée, encouragée, le soin de protéger les intérêts privés dans les limites du possible. Et, comme il
n'est donné ni à la puissance publique, ni à la science, ni
à la prévoyance, ni à l'industrie, de supprimer toutes les
misères, il restera à la bienfaisance soit publique, soit privée, l'honneur d'intervenir à l'heure des grandes calamités, et d'atténuer par ses largesses l'effet des fléaux qu'aucune institution n'aura pu conjurer.

Paris, Imprimerie de Paul Dupont, rue de Grenelle-Saint-Honoré, 45.